초등학생의 진로와 직업 탐색을 위한
잡프러포즈 시리즈 43

은행원은 어때?

차례

CHAPTER
04

은행원이 되려면

CHAPTER
05

은행원의 매력

CHAPTER
06

은행원의 마음가짐

CHAPTER 07 은행지점장의 하루

CHAPTER 08 은행원 신만균을 소개합니다

CHAPTER 09

10문 10답

CHAPTER 10

나도 은행원

CHAPTER 11

알아두면 좋은 금융 지식

CHAPTER. 01

은행원 신만균의

프러포즈

은행원 신만균의
프러포즈

안녕하세요, 은행원 신만균입니다. 저는 1993년 은행원이 되어 30년 넘게 은행 업무를 보고 있어요. 대학에서 경제학을 전공하고 자연스럽게 은행원이라는 직업을 선택하게 되었죠.

은행은 돈을 맡긴 고객의 재산을 불려주고, 고객이 맡긴 돈으로 기업에 대출을 해주어 기업이 성장하도록 돕고, 그 결과로 일자리가 늘어나 사람들이 소비생활을 할 수 있도록 하는 역할을 하고 있어요. 돈의 흐름을 만들어 우리 사회가 원활하게 돌아가도록 하는 거죠.

요즘은 은행에 가지 않고도 인터넷과 모바일로 웬만한 은행 업무를 볼 수 있는 세상이 되었어요. 비대면으로 통장을 개설하고, 카드를 발급받고, 자동이체는 물론 공과금 납부와 대출도 손가락으로 클릭해 해결할 수 있죠. 앞으로도 이러한 흐름은 점점 더 빠르게 진행될 거예요.

그렇다면 은행원은 앞으로 없어질 직업일까요? 이 질문에 저는 단순 업무의 역할은 로봇과 인공지능이 하고 은행원은 유니버설 뱅커Universal Banker의 역할을 할 거라고 답해요. 유니버설 뱅커는 단순한 업무부터 상품을 판매하고 고객서비스 관리까지 할 수 있는 금융 전문가를 말해요. AI가 대체하지 못하는 사람의 마음을 나누는 가치, 고객의 입장에서 생각하고 배려하고 공감하는 역량을 갖춘 인재죠.

은행원은 고객 자산의 미래가치를 높일 수 있는 최고의 서비스를 제공할 수 있도록 끊임없이 노력해요. 고객의 금융생활을 도와 고객이 행복할 수 있도록, 더 나은 삶을 살아갈 수 있도록 돕는 고객의 든든한 평생 파트너니까요. 미래의 행복을 꿈꾼다면 슬기로운 금융생활이 필수인 세상이 되었어요. 금융을 잘 모르는 고객이 꿈을 실현할 수 있도록 돕고, 금융생활을 통해 세상을 바꾸어 나가는 은행원! 여러분에게 이 직업을 권하는 이유입니다.

어린이 여러분의 담대한 도전을 응원합니다!

- 은행원 신만균

CHAPTER. 02

금융과 은행,

그리고 은행원

은행원은 돈을 직접 다루는 직업이에요. 은행원이라는 직업을 알기 위해서는 먼저 돈이 어떻게 흐르는지 알아야 해요. 이 장에서는 돈의 흐름인 금융과 돈이 흐르도록 만드는 기관인 은행, 그리고 은행에서 일하는 은행원의 역할에 대해 알아보아요.

금융은 무엇인가요?

금융이란 돈이 있는 곳에서 필요한 곳으로 이동하는 것으로, 쉽게 말하면 돈을 빌리고 빌려주는 행위를 말해요. 돈은 여유가 있는 사람들로부터 필요한 사람에게 흘러가는데, 사람들이 '금융회사'를 통해 돈을 빌리거나 빌려주면 돈이 이쪽에서 저쪽으로 흘러가게 되고, 이런 돈의 흐름을 금융이라고 할 수 있어요. 그럼 돈을 필요로 하는 사람과 돈을 공급하는 사람은 어디에서 만나게 될까요?

물건이 필요한 사람과 물건을 파는 사람이 시장에서 만나듯이, 바로 금융시장에서 만나게 됩니다.

금융시장은 자금의 수요자와 공급자 사이에 금융거래가 이루어지는 곳을 말해요. 이곳에서 돈의 수요와 공급에 따라 이자율, 즉 금리가 결정돼요. 금융시장은 간접금융시장과 직접금융시장으로 구분되는데, 간접금융시장은 자금 공급자와 수요자 사이에 금융회사가 존재하는 시장이에요. 금융회사는 금융시장에서 돈을 빌려주려는 사람과 돈을 빌리려는 사람의 중개자 역할을 하여 돈이 필요로 하는 곳으로 흘러갈 수 있게 도와주는 역할을 해요. 대표적인 금융회사가 바로 '은행'이고, 투자를 대신해주거나 도와주는 증권회사, 자산운용회사도 있어요. 또 서민, 소규모 기업 및 조합원을 대상으로 예금과 대출 서비스를 제공하는 것처럼 일반은행이 하는 업무를 대부분 하고 있지만 일반은행과 다른 상호저축은행과 신용협동조합, 종합금융회사, 우체국, 새마을금고 등도 있어요. 직접금융시장은 자금 공급자가 수요자를 직접 선택하는 시장으로 사람들이 회사의 주식이나 채권을 사는 것이 직접 금융의 대표적인 사례죠.

출처 - 금융위원회

은행은 어떤 곳인가요?

돈을 저축하는 것을 예금이라 하고 돈을 빌려주는 것을 대출이라고 해요. 우리나라 화폐를 외국 화폐로 교환해주는 것을 환전이라고 하는데, 이런 일들을 포함해 다양한 금융활동을 도와주는 곳이 은행이에요. 우리나라의 중앙은행인 한국은행은 은행들의 은행으로 돈을 만들 뿐 아니라 돈의 전체 양을 조절하여 물가를 안정시키는 역할을 해요.

은행은 설립목적에 따라 일반은행과 특수은행으로 나뉘어요. 가계나 기업 등 일반 국민을 대상으로 은행 업무를 수행하는 일반은행이 우리나라 은행의 대부분을 차지하죠. 이와 달리 특수은행은 국민경제의 특수 부문에 대해 필요한 자금을 원활히 공급하기 위해 특별법에 따라 설립된 은행으로, 자금도 예금이 아닌 정부 재정으로 조달되기도 해요. 특수은행에는 산업자금의 공급을 목적으로 하는 산업은행, 수출입·해외투자 등 금융 제공을 목적으로 하는 수출입은행, 중소기업의 경제활동을 지원하는 기업은행 등이 있어요.

은행원은 무슨 일을 하나요?

앞에서 돈의 흐름이 금융이고 금융회사는 돈이 필요한 곳으로 흐를 수 있도록 도와주는 곳이라고 했어요. 은행도 그런 금융회사 중 하나로 저축이나 투자를 하고자 하는 사람들의 돈을 모아 돈이 필요한 곳에 적절히 공급하는 일을 해요. 은행원은 돈이 흘러 경제가 원활히 돌아갈 수 있도록 돕는 사람들이고요.

은행은 경제의 흐름에 산소를 공급해 건전한 사회를 유지하는 역할이고, 은행원은 이 흐름이 막히지 않도록 신속하고 정확한 업무 처리를 하는 거죠. 은행에는 본점이 있고 지점이 있어요. 본점에서는 상품개발, 자금 운용 및 경영관리 업무 등을 수행하고, 지점에서는 마케팅, 상품 판매 및 고객관리 업무 등을 해요.

직원이 모두 함께
성장하는 것이 목표다.

은행원이 가져야 할 최고의 덕목은 전문성을 갖추고 정직, 신뢰, 공감하는 능력이다.

은행은 수많은 금융 관련 업무를 하는 기관이에요. 본점과 지점의 업무는 각기 다르고 은행원은 어디에서 근무하는가, 어떤 업무를 맡았는가에 따라 구체적으로 할 일이 달라요. 여기서는 여러분이 이해할 수 있는 업무를 몇 가지 소개할게요.

업무 시간은 일정해요

은행은 오전 9시에 문을 열고 오후 4시에 닫아요. 보통 직원들은 8시 30분에 출근해서 화상회의를 통해 업무 연수 및 본부 부서에서 제공한 금융 정보 등을 숙지하고 오전 9시부터 방문하는 고객들에게 예금, 대출, 외환, 신용카드 등의 업무를 상담하고 처리하죠.

4시에 은행 문을 닫고 나서는 마감 업무가 시작돼요. 출납 담당 직원은 현금을 다 수거해서 현재 가진 현금과 그날 입출금되었던 현금이 일치하는지 정산해요. 또 예금이나 대출, 펀드, 카드 등 그날 신규 가입한 고객의 서류를 검토해 빠진 게 있는지 체크하고 보완해요. 이렇게 마감을 하면 다음 단계로 당일 감사를 진행해요. 한 번 더 검토하는 거죠. 그리고 다음날 감사를 한 번 더 받아요. 금융거래는 조금만 실수가 있어도 큰 사고가 될 수 있기 때문에 마련한 장치들이에요.

예전에는 마감하느라 야근이 많았어요. 그런데 지금은 많은 업무가 전

산화되어서 야근이 사라졌어요. 또한 오후 6시가 되면 자동으로 컴퓨터가 꺼지는 PC-OFF 제도가 시행된 후로는 6시 이후로 일을 할 수가 없어요. 꼭 필요하다면 야근을 할 수는 있어요. 하지만 그것도 7시를 넘기지 않도록 하고 있어요.

요즈음에는 점차 영업시간 경계가 허물어지고 있어요. 일부 은행에서는 업무시간 중에 은행 방문이 어려웠던 직장인, 맞벌이부부 등을 위해 퇴근 후에도 이용 가능하도록 저녁 6시까지 연장 운영하고 있어요.

영업시간 전 고객을 맞이하는 영업점 직원들 모습

지점 순환 근무를 해요

은행은 근무한지 일정한 기간이 지나면 직원들을 다른 지점에서 근무하도록 인사발령을 내요. 한 곳에 오래 근무할 경우 발생할 수 있는 금융 사고의 위험을 예방하는 차원이죠. 또 본점과 지점의 순환근무를 통해 전문성을 강화하고 다양한 경험과 업무를 습득하는데 도움이 됩니다.

지점은 보통 2~3년마다 옮기게 되어 있어요. 그렇다 보니 오히려 고객들이 섭섭해하더라고요. 좀 친해질 만하면 다른 지점으로 가니까요. 요즘은 본인이 원하면 3~4년 정도 있을 수 있고 기업 대출 담당이나 VIP 고객을 담당하는 PB^{Private Banker}는 최대 7년까지 있을 수도 있어요.

발령 지역은 특정 지점을 선택할 수는 없지만 직원의 형편과 은행 입장을 고려해서 정해요. 예를 들어 인천으로 이사를 갔다면 인천의 어느 지점을 콕 찍어서 가지는 못하더라도 주변에서 근무할 수 있도록 배려하죠.

은행원이 지점에서 하는 일

지점(영업점)은 한마디로 은행 영업을 일선에서 하는 곳입니다. 지점에서 하는 업무는 여러 가지가 있지만 어린이 여러분이 이해할 수 있는 몇 가지 업무를 소개할게요.

개인종합창구 업무

고객에게 금융상품을 권유하고 상담하는 일을 하는 부서예요. 주로 예금/입금/지급/인터넷뱅킹/공과금/환전/신용카드 등의 업무를 상담하고 처리하죠. 그리고 노후 대비를 위한 연금 및 방카슈랑스*라고 하는 보험 상담도 하고 있어요.

사람들에게 돈을 빌려주는 대출도 하는데요. 주택이 없는 사람이 내 집 마련을 위한 내집마련디딤돌대출, 전세금을 빌려주는 버팀목전세자금대출을 비롯해, 고객의 신용만으로 돈을 빌려주는 신용대출, 전문직(의사, 변호사, 세무사 등) 직업인에게 돈을 빌려주는 대출 등을 취급하고 있어요. 또한 은행에 직접 방문하기 어려운 고객을 위해 다양한 비대면 채널도 활용하고 있죠. 이 밖에도 자동차를 구입할 때 필요한 자금을 대출하는 상품도 있어요. 이렇게 예금부터 대출까지 필요한 모든 금융 상담을

---

* 방카슈랑스: 프랑스어로 은행(Banque)과 보험(Assurance)을 뜻하는 합성어예요. 은행을 통하여 보험상품을 판매하는 영업 형태를 말해요. 우리나라는 2003년부터 시행하고 있어요.

하고 있어요.

기업종합창구

여기서는 법인 및 개인사업자를 대상으로 필요한 자금을 빌려주고, 회사의 회계와 대금 결제 및 자금 관리 등의 서비스를 제공하며 기업의 성장을 돕는 일을 해요. 기업과 관련한 일은 여러 가지인데요. 회사에서 토지나 건물 등을 산다거나, 건설 회사의 경우 건물을 분양하는 일이 있을 때 이와 관련한 상담도 해요. 수출입을 하는 회사를 대상으로 하는 외환 업무도 있어요. 외국에서 물건을 사 오고, 외국에 물건을 파는 과정에 필요한 서류를 제공하는 일부터, 돈이 부족할 때 외화를 대출하는 일 등 여러 가지 업무를 담당해요. 또 기업이 세운 사업계획을 검토해서 사업의 가치를 계산한 후 대출 금액을 결정하는 일도 있어요. 예를 들어 대규모 건물을 지으려는 기업이 있다면 땅을 사서 건물을 짓기까지 돈이 많이 필요해요. 그런데 사업이 완성되려면 시간이 오래 걸리고, 그 사이에는 이익이 발생하지 않아요. 이럴 때 이 사업의 가치를 판단해서 필요한 현금을 어느 시기에 얼마나 대출할지 판단하고, 더불어 사업이 성공할 수 있을지 검토하고 기업에 자문하는 일도 하죠.

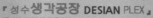

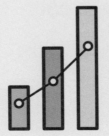

VIP 창구

자산을 많이 가진 고객, 즉 고액 자산가를 은행에서는 VIP 고객으로 분류해요. 이 고객들을 위한 전문 창구도 운영하죠. 이 고객들을 상대하는 은행원을 PB^Private Banker라고 하는데요. 고객들이 자산을 불릴 수 있도록 관리하는 금융 전문가들이에요. 이 고객들은 세금을 절약하는 방법과 세금을 내지 않는 투자에 관심이 높아요. 수준 높은 상담을 하기 위해서 PB는 자산관리에 관한 자격증은 물론 주식, 채권, 환율, 부동산 등 시장 정보에 늘 관심을 갖고 공부를 게을리하지 말아야 해요. 자녀가 있다면 상속과 증여에 대한 상담부터 시작해서 골드바, 부동산 등 재테크에 관련된 상담은 모두 하고 있어요. 펀드 전문가가 추천한 펀드를 참고해 연금, 펀드 등 고객에게 적합한 투자 방법을 고객에게 제안하는 일도 하죠.

VIP 고객은 PB 직원과 한자리에서 다양한 금융상품과 전문적인 서비스를 받고 싶어 해요. 자산증식은 물론 고객가치를 중시하는 성향이 있기 때문에 부동산/세무부터 금융상품/자산 배분까지 본인의 고민을 해결할 수 있는 더욱 세심하고 전문적인 일대일 상담을 원해요. 그래서 은행 PB는 종합적인 상담 역량을 갖추고, 고객과 친화력 있는 소통과 공감 능력도 필요해요.

전문적인 자산관리 서비스를 받을 수 있는 지점 VIP라운지

본점에서 하는 일

본점에서는 지점에서 영업할 수 있도록 도와주는 일을 하는데 주로 상품개발, 자금 운용 및 경영관리 업무 등을 수행해요. 하는 일도 많고 부서도 많은데요. 그중에 몇 개의 부서를 소개할게요. 리스크관리부서는 고객에게 대출할 때 은행에 손실이 발생하지 않도록 위험을 관리하고, 인재개발부서는 임직원들의 기본능력 향상 및 직무 강화를 목적으로 다양한 연수 프로그램을 만들고 실행하고, 외환마케팅부서는 외환 및 수출입 관련 신상품과 마케팅 지원을 위해 분석한 자료를 제공하죠. 자영업자와 예비창업자의 사업 경쟁력 강화 지원을 위해 소호컨설팅센터도 운영해요. 회사 경영을 잘할 수 있도록 실질적인 조언을 하는 등 다양한 금융 지원을 하는데, 상담한 고객들의 만족도가 매우 높아요.

소외계층 아동의 돌봄 프로그램을 지원하고 임직원의 자발적인 릴레이 기부 진행을 통해 기부문화 확산 및 나눔을 실천하는 사회봉사단도 있어요. 또한, 청년실업 문제 해결과 중소기업 일자리 창출을 위한 채용 지원 프로그램 등 은행이 사회적 책임을 다할 수 있도록 공익사업도 함께 펼치고 있어요.

국민은행은 'Liiv M(리브모바일)'이라는 사업도 있는데 금융과 통신을 결합해 새로운 모바일 서비스를 제공하는 사업이에요. 일종의 이동통신

서비스인데, 금융 혜택을 활용한 요금 할인이라든지, 통화 중에는 ATM 출금이 제한되는 '보이스피싱 예방 서비스'라든지, 공인인증서 기능을 넣은 유심을 사용한다든지 해서 금융회사의 장점을 활용한 서비스를 제공하는 거죠.

이처럼 본점에서는 상품을 기획하고, 지점에서 상품을 판매하는 데 필요한 규정과 지침을 만들고, 영업점에서 상품을 판매해서 발생하는 문제를 해결하고 감독하는 일을 하고 있어요.

KB금융그룹 대표 캐릭터 스타 프렌즈(아거, 키키, 비비, 콜리, 라무)

미래에도 은행원은 고객과 함께

과거에는 창구를 통해 금융서비스를 제공하였다면 디지털 시대가 되어 앱이 등장하면서 모바일을 통해서도 금융서비스를 이용할 수 있게 되었어요. 최근에는 시간과 공간에 얽매이지 않고 금융뿐만 아니라 이커머스e-commerce, 부동산, 여행, 교육 등 핀테크 업체와의 제휴를 통해 함께 상생하는 시대로 가고 있어요. 웬만한 은행 업무는 방문하지 않고 모바일로 처리가 가능하기 때문에 은행 창구를 찾는 사람들은 점점 줄어들고 있는 추세죠.

그러면 '모바일로 할 수 있는데 굳이 지점을 방문해서 은행원을 만나서 업무를 볼 필요가 있을까?'라고 생각할 수 있어요. 그런데 모바일로는 고객이 충분히 만족할 수 없는 일도 있어요. 예를 하나 들어볼게요. 여윳돈이 있어서 투자를 원하는 고객이 있어요. 인터넷에서 예금 상품을 검색해 금리가 높은 예금을 찾았어요. 예금은 원금을 잃어버릴 일이 없으니 안전한 투자겠죠. 그런데 한편으로는 원금을 잃어버릴 위험도 있지만 어딘가에 투자해서 조금이라도 수익을 더 얻고 싶은 마음도 들어요. 어떤 선택이 좋을지 판단하는 것은 고객 입장에서 어려운 일이에요. 이럴 때 도움을 줄 수 있는 사람이 은행원이에요.

앞으로 금융회사 간 경쟁은 더욱 치열해지고 금융상품은 복잡하고 다양하게 출시될 것이기 때문에 고객은 은행원의 도움이 필요할 거고 은행원들은 공부를 게을리하면 안되겠죠. 아마도 단순 입출금, 변경, 제신고 등 단순한 업무는 AI가 담당하게 될 가능성이 커요. 은행원들이 담당해야 할 역할은 AI가 대체하지 못하는 고객의 '가치'의 역할, 즉 양질의 금융서비스를 제공하며 고객을 배려하고 공감하고 소통 역량을 갖춘 금융주치의인 유니버설 뱅커의 역할이 미래의 은행원 모습이 아닐까 싶어요.

고객을 위해 최선을 다하는 은행원들

CHAPTER. 04

은행원이

되려면

☺

은행원이 되고 싶다면 주목! 어떤 자세를 가져야 하는지, 무엇에 관심을 가지고 노력해야 하는지, 진학은 어디로 하는 게 좋은지, 공채시험에서 주의해야 할 점은 무엇인지도 알아 보아요.

정직하고 긍정적인 성격이면
좋겠어요

　돈과 관련된 업무를 수행하는 직업이기 때문에 혹시라도 업무 수행 중에 실수라도 해서 금전사고가 발생하면 고객은 물론 직원과 은행도 큰 피해를 볼 수 있어요. 세심하고 꼼꼼한 자세가 필요해요. 고객이 맡긴 돈을 관리하기에 엄격한 윤리의식과 정직함도 갖추어야 하고요.

　적극적이고 활달하고 친화력이 있어야 해요. 은행에 오는 고객들은 예금이든 대출이든 뭔가 금융 상담을 받기를 원하거든요. 은행원은 고객이 원하는 것을 잘 듣고, 고객이 감동할 수 있도록 예의 바른 태도로 정성을 다해야 해요. 고객의 마음을 읽고 그것을 채워주려는 노력을 보일 때 고객은 감동하죠.

　지시받은 것만 겨우 해내거나 과거의 일 처리 방식을 반복하는 데서 벗어나 계획 수립부터 실행, 분석까지 자율성과 창의성을 발휘할 수 있다면 그것이 바로 은행원의 덕목이자 자질이라고 생각해요.

금융에 관심을 가져요

금융에 관심을 가지는 게 제일 중요한 것 같아요. 학교 공부로 시간 내기가 쉽지는 않겠지만 경제신문 한 개 정도는 구독해 보고 사설은 꼭 읽는 습관을 지녔으면 해요. 그런 측면에서 독서를 추천해요. 다독하면 아는 것도 많아지고, 아이디어도 생기고, 말도 잘하게 되죠.

은행에 방문해서 비치된 상품 안내장도 읽어보고, 계좌도 직접 개설해 보고, 예금이나 적금 상담도 하고, 입출금도 직접 해 보면 좋겠어요. 사실 저도 중학교 2학년 때 직접 은행에 가서 통장을 개설했어요. 세뱃돈 5,000원으로 통장을 만들었는데 조금씩 모으면 부자가 되겠구나 생각했죠.

은행 방문이 어렵다면 경제 관련 유튜브, 관심 있는 은행의 홈페이지, 또는 블로그 등을 구독하는 것도 방법이에요. 유익한 정보도 얻을 수 있고, 어깨너머이지만 은행 업무를 체험할 수 있을 거예요.

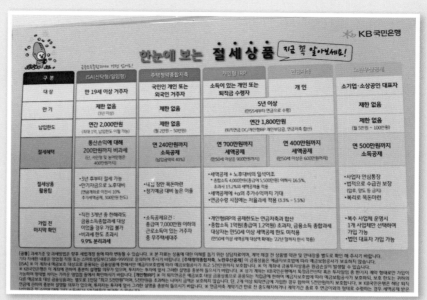

세금을 절약할 수 있는 다양한 금융상품

영업점 객장 모습

영어는 필수

　영어는 필수가 되었고, 다른 외국어도 잘하면 좋아요. 영어를 잘하면 은행 업무에 유리한 점이 많아요. 국민은행에는 미국, 홍콩, 일본을 비롯해 9개의 해외 지점이 있거든요. 영어 외에 다른 외국어도 할 수 있다면 국내외 대학 또는 대학원에서 주관하는 MBA 과정 등 역량 향상을 위한 다양한 연수 및 해외 지점에서 일할 기회가 주어져요.

　영어는 말하기, 듣기, 독해 연습을 평소에 꾸준히 학습하는 게 좋겠어요. 단순히 은행에 취업하기 위해 토익 점수를 높이는 것보다 실무적으로 사용할 수 있도록 말하기 연습을 충분히 해야겠죠.

어떤 전공이라도
괜찮아요

과거에는 금융권이 경상 계열과 법학 계열 학생들에게 유리했어요. 그러나 지금은 전공과 상관없이 은행 취업에 관심이 있는 모든 학생들에게 길이 열려 있어요. 특히 디지털과 AI(인공지능), 빅데이터가 빠지지 않는 키워드가 되면서 수학(통계학)을 잘하는 공대 학생의 수요도 높아지고 있어요. 그 때문에 전공보다는 입사 후 잠재력과 창의력을 끌어낼 수 있는 역량에 초점을 두고 있죠.

은행은 서비스 업종이기 때문에 혼자 톡톡 튀는 것보다는 고객들에 대한 배려와 직원 간에 서로 협업하고 소통할 수 있는 팀워크가 매우 중요해요. 금융권이라고 해서 금융 관련 업무만 하는 것이 아니라, 브랜드 마케팅과 ESG 경영(친환경 경영, 사회적 책임, 투명한 지배구조 등을 의미) 등 다양한 업무가 존재하는 만큼 두려워하지 않는 자신감과 도전의식을 가지고 준비하고 노력한다면 경영, 경제를 전공하지 않았다 하더라도 얼마든지 금융권 취업이 가능하다고 생각해요.

준비되었다면
공채에 도전해요

    은행은 공채를 통해 은행원을 뽑아요. 전형은 서류전형, 필기전형, 면접전형, 신체검사의 과정을 거쳐요. 서류전형에서는 지원서에 작성된 내용을 보고 지원 직무와 적합한지 판단해요. 이때 편견이 개입되어 불합리한 차별이 생기지 않도록 출신 지역, 가족관계, 학력, 외모 등의 항목은 요구하지 않아요. 이것을 블라인드 채용이라고 하죠.

    필기전형에서는 직무능력 시험 및 인성검사 등을 통해 필요한 언어능력, 수리능력, 직무 적성, 윤리, 도덕성 등을 평가해요. 면접전형에서는 직무수행에 필요한 역량에 관한 질의응답, 집단토론, 프레젠테이션 등의 방법을 통해 지원자의 역량을 검증해요. 요즘은 화상 카메라로 AI가 면접을 진행하는 경우도 있어요. AI가 입, 목소리, 자주 쓰는 단어, 눈 시선 처리, 얼굴 표정 변화, 윤곽 본인 확인 등을 미세하게 관찰하죠.

    채용 과정이 궁금하다면 국민은행 홈페이지를 방문하거나 유튜브를 찾아보는 게 좋겠어요. 유튜브에는 인사 담당자가 출연해서 채용에 대해서 자세히 설명도 하고, 신입행원들이 찍은 영상도 있어요. 보면 도움이 될 거예요.

국민은행 연수원

CHAPTER. 05

은행원의

매력

은행원 채용의 경쟁률은 아주 높아요. 그만큼 은행원이 되고 싶어서 노력하는 사람이 많다는 거죠. 어떤 매력이 있길래 은행원이 되고 싶은 걸까요? 30년 넘게 은행에서 일한 선배의 솔직한 이야기를 들어보아요.

'금융 주치의'라는 자부심

은행원은 기업과 개인의 성장을 도와주는 '금융 주치의'라고 할 수 있어요. 제가 행원일 때 있었던 일을 소개할게요. 한 기업체 대표님이 있었는데 5,000만 원 한도의 무역금융을 쓰고 있었어요. 무역금융이란 수출 기업의 원자재 구매 등에 필요한 자금을 낮은 금리로 빌려주는 금융지원제도예요. 그런데 한도를 늘리려면 그만큼 실적이 있어야 하고 번거로운 절차가 따라요. 이분이 한도를 늘리려고 여러 은행을 돌아다녔지만 다 거절당하고 국민은행에 와서 저를 만났어요. 제가 할 수 있는 한 노력해서 한도를 늘려드렸죠. 그 이후에 매출액이 1,000억 원 넘는 회사로 엄청나게 성장해서 강남에 사옥도 구입했어요.

바로 이렇게 저의 도움으로 작은 기업이 큰 기업체로 성장하는 것을 보면 보람을 느껴요. 고객의 요청으로 제가 할 수 있는 당연한 업무를 했을 뿐인데 그분은 고맙다며 지금까지 연락하고 있어요.

어려운 일을 맡아
크게 성과를 냈을 때의 성취감

예전에 지점이 개인금융과 기업금융으로 나뉘어 있다가 하나로 통합되었던 때 일이에요. 저는 개인금융지점에서 기업대출을 담당하고 있었는데 지점이 통합이 되면서 릴레이션십매니저(RM:Relationship Manager)로 보직이 변경 되었어요. RM은 금융회사의 이익만을 쫓는 근시안적 사고에서 탈피, 기업과 동반성장을 추구하는 기업고객 전담직원을 의미해요. 영업실적을 내야 한다는 부담감도 있었지만 고객과의 돈독한 신뢰를 쌓으면서 기업의 성장을 도울 수 있다는 점이 매력적으로 다가왔죠

개인사업자와 법인 잠재 고객을 대상으로 기업의 효율적인 자금 지원과 경영상담을 통해 경영할 때 난관에 부딪히지 않도록 올바른 해결방안을 제안하면서 힘든 일도 많았지만 저에게는 새로운 업무영역에 대한 도전이자 기회였어요. 지점이 통합되어 소규모 개인사업자와 법인업체의 소개로 상담건수가 늘면서 많은 성과를 낼 수 있었고 거래 기업이 성장하는 것을 지켜보면서 은행원으로서 성취감과 보람을 크게 느낄 수 있었어요.

2021년, 2022년 국민은행 전략회의 2년 연속 표창 수상

CHAPTER. 06

은행원의

마음가짐

무슨 일이든 어려운 점이 있고, 누구든 일을 하면서 힘들 때가 있어요. 은행원에게는 어떤
어려움이 있는지, 그럴 때는 어떻게 극복하는지 신만균 지점장님의 이야기를 들어보아요.

실적에 대한 압박감이 있어요

"빨리 가려면 혼자 가고 멀리 가려면 함께 가라"는 아프리카 속담이 있어요. 사람은 혼자서 어떤 길을 가게 될 경우 이야기를 나눌 상대도 없고 신경을 쓸 일도 없고 그럴 필요도 없기 때문에 빠른 속도로 갈 수가 있어요. 그런데 혼자 길을 걷다 보면 얼마 지나지 않아 심심하고 약간의 장애물이 나타나게 되면 겁도 나고 금방 지칠 수 있겠죠. 그러나 둘이서 함께 길을 가게 되면 산과 들, 예쁜 꽃도 구경하고 여러 가지 이야기도 나누며 즐겁게 가는 길을 재촉하게 됩니다. 또 위험한 상황에 부딪치면 함께 힘을 합쳐 대처함으로써 오히려 신이 나고 지루하지도 않을 뿐만 아니라 먼 길이라도 기꺼이 별 어려움 없이 목표에 도달할 수 있어요. 결국 이 속담은 함께 가는 즐거움, 즉 동행의 중요성을 강조하고 있어요.

집에서, 학교에서, 직장에서, 사람이 속한 조직에서 혼자서 처리하는 일보다 함께 처리하는 일이 훨씬 더 많아요. 함께 일을 처리하면 혼자서 일을 처리할 때 보다 약간 시간이 더 걸릴 수는 있지만 시행착오를 줄일 수 있고 일의 성과를 더 크게 낼 수 있어요.

　사람은 누구나 혼자 모든 일을 할 수 없고 반드시 누군가의 도움을 받아야만 살아갈 수 있는 존재에요. 사람의 마음을 얻으려면 먼저 배려하고 베풀 줄 알아야 하고 그것이 바로 팀워크죠. 실적에 대한 압박이 스트레스로 작용할 수도 있겠지만 동료들과의 협업과 팀워크를 통해 일에서 보람과 가치를 발견할 수 있을 거라 확신합니다.

음악을 들으며 마음을 다잡아요

　　이것저것 해야 할 일도 많고 성과도 내고 싶은 욕심은 많은데, 정리가 되지 않고 기분이 별로인 날이 있을 수 있어요. 미래에 좋은 결과를 기대하며 고민하고 생각하지만 그 생각이 100% 실현된다고 할 수도 없어요. 고민하는 과정에 저는 좋아하는 음악을 들으며 차분히 생각을 정리해 봐요.

　　예전에 대출 업무를 보면서 어려운 일이 있었어요. 우울한 마음으로 퇴근하는데 라디오에서 서영은의 '혼자가 아닌 나'라는 노래가 흘러나오는 거예요. 그 노래를 듣자 마음이 차분해지고 저를 위로하는 것처럼 느꼈어요. 내 잘못도 아닌 일로 자책하지 말자는 생각이 들면서 '잘하고 있어. 힘내!' 하고 스스로를 위로할 수 있었죠.

　　음악이 있기에 마음의 위로를 받고, 몰입해서 듣다 보면 어느 순간 잡념이 사라지고, 그 음악에 마음을 맡기다 보면 생각을 정리하는데 도움을 준답니다.

정년이 짧다는 단점도 있어요

통계청에 따르면 2021년 우리나라는 인구의 16.5%(약 853만명)가 65세 이상인 고령사회입니다. 고령화 속도는 전 세계적으로 우리나라가 가장 빨라 노인 인구수가 전체 20%를 넘는 초고령화사회가 되기까지 25년이 걸릴 것으로 전망되고 있어요.

예전에는 평균 정년이 58세였는데, 정년 60세로 의무화되었고 현재는 많은 기업들이 60세 이상 정년을 보장해 주는 대신 일정 시점부터 급여를 낮추는 임금피크제를 시행하고 있어요. 임금피크제로 장년층 직원들의 고용 보장에 대한 인건비 부담을 낮추고 삭감된 비용으로 청년 일자리를 늘릴 수 있도록 한 긍정적인 측면이 있으나 2025년 초고령사회의 진입을 앞두고 장년층과 MZ세대 간의 임금피크제에 대한 공감할 수 있는 노력이 필요해 보여요.

은행에서는 임직원이 퇴직할 무렵이 되면 재취업 지원 프로그램을 실시하여 새로운 출발을 돕습니다. 재무설계, 인맥관리, 재취업과 창업 등에 대해 정부가 지원하는 제도를 안내하고 평생 현역, 평생 경력으로 이어질 수 있도록 지원하고 있어요.

정년퇴직을 앞두고 동료의 새로운 출발을 함께 응원하며

모든 고객을 평생 고객으로 만든다는 마음으로 일해요

한번 오고 마는 고객이 아닌 평생 고객을 만드는 것이 금융서비스 업종에서는 중요한 일이에요. 미국의 인터넷 쇼핑몰 아마존은 고객이 접속해서 흔적을 남기는 순간 아마존의 고객이 되도록 시스템이 설계되어 있다고 해요. 고객의 성향을 미리 분석해서 고객이 접속하면 좋아하는 상품들을 계속 노출하는 거죠. 유튜브도 좋아할 만한 영상이 반복해서 노출되잖아요. 그런 것처럼 저희도 평생 고객으로 만들기 위해 꼬리를 물어가며 고객이 무엇을 원하는지 자꾸자꾸 알아내서 고객들이 원하는 방향으로 상담도 하고 알맞은 상품도 제안하는 게 필요해요.

그리고 고객의 소중한 자산을 관리하는 직업으로서 엄격한 윤리의식과 정직성은 고객의 신뢰를 얻는 기본적인 자세예요. 금전 사고가 나면 고객은 물론 직원과 은행도 큰 피해를 입기 때문에 사고예방에 대한 교육을 지속적으로 실시하고 있어요.

은행원은 기업과 개인의 성장을 도와주는 '금융 주치의'다.

금융상품 및 사고예방 교육을 하는 연수시간

CHAPTER. 07

은행지점장의 하루

은행 지점은 9시부터 고객을 맞이하지만 은행원은 그전부터 업무를 준비하느라 분주해요. 또 4시에 영업점의 문을 닫지만 은행원의 업무는 6시까지 계속되죠. 오늘은 저와 함께 다니면서 은행원들과 지점장이 어떤 일을 하는지 경험해 보기로 해요.

아침 8시 30분 : 출근 및 업무 준비

지점에 출근하면 행원들은 오늘 하루 필요한 만큼 시재(현금)를 나누어 갖고, ATM 기기에 현금을 보충하고, 서류를 정리하면서 업무 준비를 해요. 준비를 마치면 회의를 하는데요. 새로 나온 금융상품도 알려주고 성과가 우수한 직원에게 포상도 하는 시간을 가져요.

아침 9시 : 오전 영업

지점 영업을 시작하면 직원들은 은행을 방문하는 고객들에게 예적금, 펀드, 대출 등의 금융상품 상담과 외화환전, 해외송금 업무를 해요. 또한 각 제휴 카드사와 연계해서 카드 신규 및 재발급 업무를 처리하고 공과금, 수표 및 어음 발행, 기업체 급여이체 및 퇴직금, 자산운용까지 상당히 폭넓은 업무를 수행하고 있어요.

지점장은 은행에 방문하는 고객 상담 및 외부 섭외를 주로 하면서 고객 성향에 맞는 상품을 추천하기 위해 국내외 증시 상황 및 경제지표, 부동산 등 관련 뉴스를 숙지하고 상담을 진행해요.

낮 12시 : 점심 및 고객과의 만남

지점의 은행원들은 보통 11시부터 2시 사이에 교대로 1시간의 점심시간을 가져요. 요즘엔 점심시간에 문을 닫는 공공기관도 있어요. 하지만 은행은 점심시간을 이용해 은행일을 보려는 직장인 고객도 많기 때문에 은행원들이 한꺼번에 자리를 비울 수 없어요.

지점장은 주로 점심시간에 고객과 만남의 자리를 가져요. 오늘은 중소기업 대표님을 만났어요. 제가 활동하고 있는 비즈니스 모임의 지인을 통해 소개받았는데 현재 의류 무역업을 하고 있대요. 사업장을 임대해 월세를 내다가 얼마 전 지식산업센터 아파트형 공장을 분양받았는데, 입주할 때까지 필요한 중도금과 잔금을 은행에서 대출받기를 원하는 분이었어요. 상담을 진행하면서 대출한도, 대출기간, 금리 등을 꼼꼼히 파악해 여러 면에서 유리한 중소기업진흥공단의 정책 자금 지원 대출을 제안했어요. 이 밖에도 무역회사에 필요한 외환 거래와 세무, 법인자산 관리 등을 상담해드렸더니 매우 만족해 하시네요.

낮 2시 : 오후 영업 및 고객 상담 1

직원들은 지점에 방문하는 고객들에게 금융 상담 업무를 계속하는 한편, 전화로 고객에게 상품 설명을 하는 등 상담을 하고 있어요.

저는 오후에 더 많은 고객을 만나기 위해 바깥으로 나가요. 주로 시간이 부족해서 은행 방문이 어려운 고객이나 개인적으로 상담을 요청한 고객들이에요.

첫 번째 고객은 산부인과를 운영하는 원장님이에요. 환자 수가 늘어나 의료 장비도 구입해야 하고 간호사도 더 채용해야 해서 병원 운영자금이 필요한 상황이었어요. 대출받기 원하는 고객에게 은행에서는 먼저 신용평가를 진행해요. 이 서류들은 본인이 직접 제출해야 하는데 거래하고 있는 세무사와 협조해서 은행 방문 없이 대출받을 수 있도록 도움을 드렸어요. 또 임직원의 퇴직연금과 급여이체, 세금을 절약하는 방법 등도 관심이 많은 고객이어서 함께 고민하는 시간을 가졌어요. 그러면서 자연스럽게 퇴직연금도 가입하고, 간호사들은 급여이체에 필요한 통장을 개설하고 신용카드도 발급했답니다.

낮 3시 : 고객 상담 2

두 번째 고객은 부동산을 찾고 있는 고객이에요. 부동산을 사고팔 때는 부동산 중개업소를 찾는 것이 보통이지만 은행에서는 예금과 대출 등 고유 업무 말고도 부동산과 세무, 자산관리, 법률 등 금융과 관련한 종합 컨설팅을 하고 있어요. 제가 만난 고객은 물류센터를 운영하는 법인의 대표인데 물류센터를 팔고 상업용 건물을 사려고 알아보는 중이에요. 전문가와 함께 살 건물을 여러 가지 면에서 검토하면서 컨설팅을 진행했어요. 상담 결과 고객이 원하는 건물을 살 수 있을 것 같아요. 고객의 자산관리 고민을 해결하니 저도 마음이 뿌듯하네요.

낮 4시 : 지점 영업 마감 및 고객 상담 3

지점은 4시에 영업을 마감해요. 은행의 문이 닫히면 직원들은 그날 발생한 모든 업무를 검토하고 마무리하죠. 오늘 하루 들어오고 나간 현금이 딱 맞아떨어지면 모든 업무가 끝나요.

은행원들이 업무를 정리할 동안 저는 마지막 고객을 만났어요. 상공회 모임에서 알게 된 회계사인데요. 10여 명의 직원을 두고 일하면서도 회계사가 되고 싶은 학생과 직장인을 대상으로 학원에서, 유튜브에서 강의도 하는 등 하루 24시간이 모자랄 정도로 열의가 대단한 고객이에요. 지난번 상담에서는 거래 중이던 은행과 국민은행의 금융 조건을 비교해드렸어요. 그 결과 주거래은행을 국민은행으로 바꾸었죠. 오늘은 사옥 건물을 사려는 계획을 듣고 부족한 자금을 대출해드리기로 약속했어요.

저녁 6시 : 퇴근

대부분의 지점은 4시가 되면 은행문을 닫고 고객과 상담한 서류 등을 정리하고 시재(현금) 마감하고 일일 감사까지 마무리되면 자동으로 PC-OFF제(컴퓨터가 자동으로 꺼지는 시스템)가 실시되어 저녁6시에 퇴근을 해요. PC-OFF제도가 생기고 주당 52시간을 초과해서 근무를 할 수 없기 때문에 요즘은 주어진 시간 내에 업무를 집중해서 마무리하고 일찍 퇴근하는 문화가 정착되어 가고 있어요.

PC-OFF 이후라도 반드시 업무처리를 해야 할 경우도 있어요. 이때는 초과근무 수당이 지급됩니다.

CHAPTER. 08

은행원 신만균을

소개합니다

부끄러움이 많고 소극적이었던 소년이었지만 자라서 은행원이 되었어요. 첫 직장에 들어가서 생각했던 것과 다른 업무에 지쳐갈 때쯤 은행에 합격했다는 소식을 듣고 새로운 도전에 마음이 설레였대요. 은행원이 되어 어떻게 노력했는지, 앞으로의 꿈은 무엇인지 들어볼까요?

겁이 많았던 어린 시절

서울에서 태어나 자랐어요. 아버지는 학교 선생님으로 엄격한 편이셨고, 어머니는 가정주부로 자상하시고 교육에 대한 열정이 많으셨어요. 어려서는 주사도 못 맞을 정도로 겁이 좀 많은 편이었어요.

여섯 살 때인가, 미아가 될 뻔한 적이 있어요. 아버지와 돈암동 외갓집에 놀러 갔다가 저녁 늦게 집으로 돌아가려고 버스를 기다리고 있었어요. 그런데 제가 껌을 사달라고 했나 봐요. 가판대에서 아버지가 잔돈을 거슬러 받는 사이에 제가 버스를 탄 거예요. 어른이 버스를 타는 것을 보고 아버지인 줄 알고 그냥 탔던 거죠. 한참을 가다가 버스에 아버지가 없다는 걸 알고 울고불고 난리를 쳤어요. 그랬더니 한 대학생이 저를 원래 버스 탔던 곳으로 데려다 주더라고요. 아버지가 이미 경찰서에 미아신고를 해 놓아서 어렵지 않게 아버지를 다시 만날 수 있었죠. 밤 12시 이후에는 통행이 금지되었던 때라 경찰서에서 통행증을 발급받아 집으로 무사히 돌아갈 수 있었죠.

좌충우돌했던 청소년 시절

중학교에서는 잘 적응하지 못했어요. 고등학교 학생주임이셨던 아버지는 집에서도 엄격했어요. 저는 칭찬을 받고 싶어서 그랬는지 정해진 규칙을 잘 지키는 착한 아이가 되려고 노력했죠. 그러다 보니 부모님의 기대는 높아지는데 성적은 잘 나오지 않았어요. 그런 스트레스 때문인지 친구들과 싸움을 많이 했죠. 사실 싸움을 잘하는 것도 아닌데 왜 그랬는지 모르겠네요.

영어 과목을 좋아했어요. 영어 선생님의 열의와 열정이 대단했죠. 저도 영어 교과서를 다 외울 정도로 재미있게 공부했어요. 학년이 끝나고 영어 선생님이 다른 반을 가르치게 되었을 때는 많이 속상했죠.

중학교 3학년 때 서울 다른 지역으로 전학을 갔어요. 예전 학교와 학습 분위기가 너무 달라서 놀랐던 기억이 나요. 아이들이 공부를 정말 열심히 했거든요. 당시에는 고등학교 입시가 있었어요. 원하는 고등학교에 지원하고 시험을 보는 거였죠. 성적이 좋진 않았지만 담임 선생님과 친하게 지냈던 친구들이 잘 도와줘서 원하는 고등학교에 진학할 수 있었어요.

고등학교 때는 국어와 화학 과목이 좋았어요. 우리 학교가 한 학년에 20반까지 있었는데 문과 8반, 이과 12반으로 저는 이과반이었어요. 3년 동안 학교, 집, 자율학습을 반복했죠.

대학교에서는 공부를 열심히!

대학은 재미있게 다녔어요. 중고등학교 때 못했던 공부를 대학교에 가서 열심히 했죠. 아쉬운 점은 제가 ROTC(학군사관후보생)를 하면서 동아리 활동을 못 해 본 거예요. 사실 그때 응원단에 들어가서 활동해 보고 싶었거든요. 당시 중앙대학교 농구부가 유명했어요. 응원단도 멋있었죠. 대학 때 응원단을 못 한 게 아쉬웠는데 최근에 서초부동산 최고경영자 비즈니스 교류 모임에서 탈춤을 배웠어요. 그때 하지 못했던 응원의 한을 이제야 좀 풀었다는 생각이 들어요.

리더가 되는 통솔력을 배웠던
ROTC 생활

ROTC 생활을 하면서 가치관이 바뀐 것 같아요. 대학교 3, 4학년 때 훈련을 같이 받으며 많은 시간을 보냈던 그 친구들과는 지금도 허심탄회하게 이야기하는 막역한 관계를 이어가고 있어요.

그리고 소대장으로 군 생활을 했는데 사회에서는 10~30명 정도의 인원을 통솔하는 경험을 하기가 쉽지 않아요. 그때 다양한 가치관을 가진 사람들과 인간관계를 맺으면서 쌓은 경험들은 돈을 주고도 살 수 없는 값진 것이었어요. 지금도 저의 든든한 버팀목이 되어주고 있어요.

ROTC 동기들과 지금도 함께

제약회사에 들어갔다가
은행으로 이직했어요

　저의 첫 직장은 제약회사였어요. 처음 한 일이 의료 카탈로그를 챙겨서 병원을 돌며 영업하는 거였지요. 제 전공이 경제학이어서 영업은 자신 있었지만 의료 분야는 잘 몰랐기 때문에 힘들었어요. 일일이 병원을 찾아다녀야 하는 것도 쉽지 않았죠.

　두 달쯤 지났을 때 마침 대동은행에서 합격 통지서가 왔어요. 지금은 국민은행에 합병된 은행인데요. 얼마나 기뻤는지 몰라요. 제약회사 영업은 원하지 않는 고객에게도 찾아다니면서 홍보해야 하는 일이라 좀 힘들었거든요. 고객이 은행을 찾아오는 이유는 안전하게 재산을 맡아주고 이를 더욱 불려주는데 기대를 가져서죠. 고객과 의사소통을 하면서 문제를 해결하고 도와주는 것이 보람도 있고 저와 잘 맞았어요.

1년에 하나씩 자격증을 땄어요

은행원이 되어서 주로 기업금융 및 외환업무를 담당했어요. 자연스럽게 그 분야에 관심을 가지게 되어 은행자산관리사, 한국재무설계사, 외환전문역, 국제무역사 1급, 기업여신직무인증 등 지금까지 14종의 자격증을 취득했어요.

그럴 수 있었던 건 당시 지점장님의 조언 덕분이었어요. 과장으로 승격하자 지점장님이 저보고 지금부터 1년에 하나씩 자격증을 따야 한다고 말씀하시더라고요. 그래서 무조건 1년에 자격증 하

과장시절

나씩 취득하기로 마음먹고 실행에 옮겼죠. 그렇게 14개의 자격증을 가지게 되었어요.

취미생활도 공부도
열심인 은행원

동호회 활동을 꾸준히 하고 있어요. 골프, 독서토론, 문화활동 등이죠. 취미활동을 하면 사람들을 만나는 즐거움이 있어요. 또 시간을 내서 공부도 하고 있어요. 건국대 부동산대학원 CEO 최고경영자과정과 상공회의소 CEO과정에도 참여했어요. 특히 함께 공부한 분들과 좋은 관계를 맺었더니 도움이 필요할 때 서로 편안하게 만나 다양한 분야의 전문가들과 일도 할 수 있어서 저한테는 도움이 많이 되었어요.

틈틈이 인문학과 역사 관련 서적을 읽어요. 최근에는 안우성 지휘자의 『남자의 클래식』을 읽고 음악가와 곡에 얽힌 사연을 읽어 가면서 곡들을 하나하나 들어보면서 즐거운 시간을 보낼 수 있었고 마음이 정화되는 느낌이 들었어요.

서초상공회 CEO과정 수료

건국대 부동산대학원 CEO 최고경영자과정

금융 선생님이 되고 싶은 꿈이 있어요

은행원 시절에 '경제 교육 봉사단'으로 활동하면서 어린이와 청소년에게 경제 교육을 한 적이 있어요. 말 그대로 봉사활동을 하는 동아리인데 은행과 학교가 자매결연을 하고 학교에서 요청이 들어오면 가서 강의했어요. 일주일에 한 번, 또는 한 달에 한 번 수업했는데 주로 퀴즈를 내고 정답을 맞추는 학생에게 상품을 주었더니 학생들 반응이 아주 좋았어요.

그런데 좀 아쉽다는 생각이 들었어요. 은행과 관련한 금융 지식을 단편적으로 소개하는 것보다는 돈의 소중함이나 용돈을 제대로 관리하는 방법, 올바른 금융 습관 등을 알려주고 실제 통장을 만들어 저축한 돈이 차곡차곡 쌓여가는 기쁨을 더 자세히 알게 해주고 싶었죠. 그래서 만약 앞으로 새로운 직업을 선택할 기회가 있다면 어린이와 청소년이 돈을 모으는 기쁨도 느낄 수 있고, 용돈도 스스로 관리할 수 있도록 도와주는 금융 선생님이 되고 싶네요.

'경제봉사단' 자격으로 초등학교에서 실시한 금융경제 교육

사내 사회봉사활동으로 지역의 어린이, 청소년, 학부모와 함께

앞에서 미처 해결하지 못한 궁금증을 해결하는 시간! 요즘 통장을 새로 만드는 게 왜 어려운지, 위험한 상황이나 의심스러운 고객에게 은행원은 어떻게 대처하는지, 미래를 위해 무엇을 준비하면 좋을지도 알려주신대요.

우리나라에는 언제 근대적인 은행이 설립되었나요?

우리나라에 최초로 개설된 근대은행은 일본 제일은행의 부산지점이었어요. 그때가 1878년이었죠. 이후 여러 은행이 설립되었지만 자본이 없어서 은행의 역할을 하지 못하고 금방 문을 닫았어요. 그리고 민간자본을 중심으로 1897년에 한성은행이 설립되었죠. 우리 자본으로 설립된 최초의 은행으로 조흥은행의 전신이었고, 현재는 신한은행이 되었죠. 한국기네스협회는 1995년 한성은행을 우리나라에서 가장 오래된 은행으로 인정했는데요. 한성은행의 첫 담보대출은 '당나귀 대출'이었다고 해요. 대구에서 올라온 상인이 당나귀 한 필을 담보로 맡기고 돈을 빌린 것이 우리나라 은행에서 이뤄진 최초의 담보대출이었죠.

입출금 통장을 새로 만드는 일이 왜 어려운가요?

입출금 통장 개설은 은행의 기본적인 업무이지만, 요즘은 신규 통장 개설이 까다로워졌어요. 보이스피싱 등 금융사기 피해를 막기 위해 새로 입출금 통장을 만드는 절차를 강화했기 때문이에요. 왜 통장을 개설하는지 이유가 있어야 하고 그에 따른 증빙서류를 갖춰야 해요. 본인이 맞는지 검증하는 것은 기본이고, 만약 통장을 만드는 목적이 의심스러운 사람이라면 거절하거나 계좌는 만들되 거래할 수 있는 금액을 낮게 설정해요. 그걸 금융거래 한도 계좌라고 해요. 이런 계좌는 입금은 마음대로 할 수 있지만 출금할 수 있는 금액이 정해져 있어요. ATM 기기에서는 30만 원, 창구 거래에서는 100만 원까지만 찾을 수 있어요. 이렇게 출금 한도를 정해 놓으면 대포통장, 보이스피싱 등 범죄에 이용 당할 위험을 예방할 수 있어요.

비상 버튼을 누르면
실제로 경찰이 출동하나요?

네. 바로 출동해요. 보안업체와 계약이 되어 있고, 관내 경찰서와 연결되어 있어서 신속하게 출동하죠. 금융 사고가 발생하지 않도록 보안 교육도 철저히 받고요.

참고로 은행 내부적으로 불법 자금 세탁 및 보이스피싱 같은 범죄를 예방하기 위해서 은행에서 현금으로 1,000만 원 이상 입·출금하면 의심거래 보고, 고액현금거래 보고 등을 금융정보분석원에 보고하게 되어 있어요.

또 금융사기를 예방하기 위해서 통장 개설 시 사용 목적을 반드시 증빙해야 하는 절차가 있어요. 고객 입장에서는 불편할 수도 있지만 사고 예방 차원이라는 점을 이해해주셨으면 해요. 실제로 창구에서 고액의 현금을 인출하려는 고객에게는 저희도 주의 의무를 다해서 보이스피싱이 의심되면 고객들이 피해를 보지 않도록 조심스럽게 업무 처리를 하고 있죠.

영업점을 방문할 때
편리한 팁이 있다면?

은행을 방문해야 하는 고객을 위해 국민은행은 영업점 방문 예약 서비스, 번호표 미리 발행 서비스 등을 제공하고 있어요. 고객이 원하는 지점, 원하는 시간, 상담을 원하는 직원까지 국민은행 앱 '스마트 예약 상담제'를 통해 예약할 수 있어요.

바이오 인증도 있어요. 손바닥을 통해 정맥을 인증하고 등록해 놓으면 카드, 통장, 비밀번호, 도장이 없더라도 창구 거래나 ATM 기기를 이용해 계좌 조회, 이체, 출금 등의 업무가 가능해요.

고객과 소통하는 비결은 무엇일까요?

신입 은행원일 때 일이에요. 카드 연체 고객에게 전화해서 미납한 돈을 입금하라고 독촉하는 업무를 맡았어요. 이런 내용으로 통화하면 전화를 거는 쪽이나 받는 쪽이나 기분이 좋지 않죠. 한번은 고객과 말싸움이 붙었어요. 고객이 전화를 받는 도중에 욕을 하니까 저도 모르게 욱하는 마음에 감정적으로 대응한 거죠. 그랬더니 고객이 지점으로 찾아와 한바탕 소란이 일었어요. 사태가 수습되고 지점장님과 면담을 하면서 은행원으로서 필요한 자질, 응대, 태도, 상황별 대응 요령 등을 코칭받고서야 정신이 번쩍 들었죠. 그때 고객을 배려하고 공감할 수 있는 마음이 중요하다는 걸 깨달았어요. 이후로는 다시는 어떤 일이 있어도 고객과 언쟁하지 않겠다고 마음을 다잡았죠.

아마도 신입 은행원이라면 이와 비슷한 고민이 있을 거예요. 어떻게 고객을 대해야 하는지, 어떤 자세와 태도를 갖춰야 하는지 말이에요. 저는 고객의 말을 많이 듣는 편이에요. 눈을 맞추고 공감하려고 노력하면 신뢰가 쌓이는 것 같아요. 처음에는 고객을 응대하는 방법이 익숙하지 않아 힘든 시기가 있을 수 있어요. 하지만 노력했더니 차츰 고객 응대 기술이 생기더라고요. 또 혼자 해결하기 어려운 문제가 생기면 함께 근무하는 선배나 동료에게 도움을 청해요. 그러다 보면 자신도 모르게 프로 금융인이 되어 가는 모습을 발견하게 될 거예요.

상대방을 편안하게 하는 5가지 대화방법

1. 솔직하게 말하고 겸손하게 얘기하기
2. 고개를 끄덕이거나 미소를 짓거나 맞장구 쳐주기
3. 입에서 나오는 말 대신 가슴에서 나오는 말을 하기
4. 대화 중간에 끼어들거나 미리 속단하지 않기
5. 상대방과 시선을 맞추고 몸을 당겨서 대화하기

고객이 주는 상이 있다고 들었어요. 무슨 상인가요?

국민은행에는 고객이 주는 상이 있어요. 'CS상'이라고 하는데 매년 전체 직원의 10퍼센트를 뽑아서 상을 줘요. 고객 응대를 잘하는 직원을 고객이 직접 추천하는 거죠. 고객이 칭찬 글을 남기기도 하지만 은행에서 자체적으로 모니터링도 해요. CS 우수직원으로 선발되면 인증패와 표창장을 수여하고, 해외 연수 기회를 제공해요. 고객서비스를 잘하는 직원에게 고객이 수여하는 상이라는 큰 의미가 있죠. 특히 5년 연속 수상을 하게 되면 '탑 아너Top honor'라는 최고의 영예를 줘요. 우리 지점에 'Top honor'를 수상한 직원이 있었어요. 국민은행에서 5년 연속 수상한 직원은 전국에 49명 밖에는 없는데 진짜 대단한 일이죠.

그 직원을 눈여겨보니 남들과 다른 점이 있더라고요. 업무 지식을 잘 알고 있고, 고객을 친근하게 대하고 고객이 요구하는 업무를 세심하게 처리해요. 뿐만 아니라 주변 동료들한테도 신망이 높고 솔선수범하는 우수직원이죠.

매년 시상식을 열어 포상하고 직원들을 격려한다.

은행 업무 중에
실수했던 적이 있나요?

20여 년 전에 지점에서 외환 담당 업무를 했던 때 일이에요. 점심을 먹고 돌아오니 외국인과 상담하던 동료 직원이 교대해서 업무를 처리해 달라고 부탁하더라고요. 외국인 손님에게 어떻게 해드려야 하는지 동료 직원에게 물어보니까 "두 다발"이라고 답을 해요. "두 다발 주면 돼요?" 물었더니 "네. 두 다발 받았으니까 두 다발 원화로 주면 돼요" 하더라고요. 저는 두 다발을 2만 달러로 생각하고 환전해 주었어요. 한 시간 후에 식사를 마치고 돌아온 직원이 잘 처리했냐고 묻길래 2만 달러 환전해 줬다고 했죠. 그랬더니 난리가 났어요. 알고 보니 2만 달러가 아니라 2천 달러였던 거예요. 머리가 하얘지다가 부인이 교통사고가 나서 응급실에 있다며 빨리 가야 한다던 그 외국인의 말이 생각났어요. 그래서 무작정 지점 앞에 있는 종합병원 응급실로 달려갔어요. 다행히 거기 있더라고요. 그 외국인이 저한테 '럭키 가이'라고 하면서 엄지 척을 해주었던 기억이 있어요. 지금도 그때를 생각하면 아찔하죠.

디지털 금융이 일상화된 요즘 고객이 굳이 은행에 오지 않아도 모바일이나 인터넷을 이용해 예금, 대출, 공과금 납부, 여러 가지 신고 업무를 손가락 클릭만으로 손쉽게 해결할 수 있을 정도가 되었어요. 그래서 은행에서 일상적으로 하는 업무가 점점 AI로 대체되어 가는 것이 현실이에요. 그렇다 보니 지점 수도 많이 줄고 일하는 사람도 많이 줄었어요. 하지만 AI가 수행하는 업무가 많아진다고 해도 사람의 영역은 여전히 남을 거라 생각해요. 이게 바로 유니버설 뱅커의 역할이에요.

유니버설 뱅커란 앞에서도 말했듯이 여러 분야로 나뉘어 있던 업무를 한 사람이 수행하는 거예요. 은행에서 해결할 일이 많은 고객은 창구를 옮겨 다니거나 다른 전문가를 찾아가야 할 때도 있어요. 상속이나 증여, 양도세, 법률 상담과 같은 일이죠. 그런데 유니버설 뱅커가 고객이 바라는 일을 다 할 수 있다면 얼마나 편하겠어요? 세금과 자산관리까지 한번에 해결할 수 있잖아요. 이런 역할을 하는 사람이 유니버설 뱅커인 거죠.

기업이 고객인 경우 우수기업체의 현장을 직접 방문해 임직원에게 자산관리 컨설팅을 제공하는 서비스, 고객이 투자하고 있는 각종 상품을 분석해 효율적으로 분산 투자하고 관리하는 서비스 등도 유니버설 뱅커가 할 수 있는 일이죠.

금융 관련 자료를 보며 끊임없이 공부해야 한다.

지점에서 본점으로 옮길 수도 있나요?

앞에서 말한 공채는 일반 직원을 뽑는 거예요. 이와 구분해서 본점에서만 근무하는 전문 직무직원 채용도 있어요. 예를 들어 변호사나 감정평가사, 세무사, IT 분야 인력은 본점에서 바로 근무하게 되죠. 일반 직원은 지점에서 먼저 3년 근무하면 본점에 갈 수 있는 기회가 주어져요.

본점 근무는 공모 제도를 통해 선발하는데 응모한 직원들을 대상으로 서류심사와 면접을 통해 선발해 인력 풀Pool에 들어가게 되고, 공석이 발생하면 그 안에서 경쟁을 통해 상하반기 인사이동 시 최종 선발되면 근무할 수 있어요.

본점도 다양한 부서가 있기 때문에 본인 적성에 맞는 부서를 정해 그에 맞는 역량을 기르고 자기계발 노력을 열심히 해야 해요.

연봉은 어느 정도인가요?

2023년 12월 말 기준으로 6대 시중은행(KB국민·신한·하나·우리·NH농협·기업은행) 직원들이 받는 평균 연봉이 1억 1천여만 원 정도였어요. 신입 은행원의 초봉 평균은 약 5천만 원 정도이고, 지점장 평균 연봉은 1억 5천만 원 정도예요.

은행마다 성과급의 체계가 다르기 때문에 차이가 조금 있을 수는 있어요. 성과급은 매년 임금 및 단체협약에서 노사가 합의해 책정하고 있죠.

CHAPTER. 10

나도 은행원

통장 개설하기

고객이 통장을 개설하러 왔어요. 누가 통장을 개설하느냐, 목적이 무엇이냐에 따라 고객이 지참해야 하는 서류가 달라져요. 아래 제시한 경우를 보고 어떤 서류가 필요한지 생각해 보세요.

보호자가 미성년자 자녀의 입출금 통장을 개설할 때

미성년자 본인이 직접 입출금 통장을 개설할 때

청소년이 아르바이트 통장을 개설할 때

공과금, 아파트 관리비 등 자동이체 계좌로 이용할 목적이라면?

보호자가 미성년자 자녀의 입출금 통장을 개설할 때

은행에 방문하는 보호자의 신분증(주민등록증, 운전면허증, 여권 등), 새로 개설하는 자녀의 통장에 찍을 자녀 명의의 도장, 최근 3개월 이내에 발급한 자녀 기준 가족관계증명서 등이 필요해요.

미성년자 본인이 직접 입출금 통장을 개설할 때

미성년자가 보호자 없이 혼자 통장을 개설하려면 만 14세 이상이어야 해요. 본인 도장, 본인 신분증(청소년증, 학생증, 여권 등)이 필요해요.

청소년이 아르바이트 통장을 개설할 때

아르바이트를 해서 임금을 받으려고 할 때는 고용주 사업자등록증과 근로계약서 또는 급여명세서 등 소득 증빙자료가 준비되어야 해요. 본인을 증빙하는 서류도 갖춰야 하고요.

공과금, 아파트 관리비 등 자동이체 계좌로 이용할 목적이라면?

공과금이나 관리비 등 자동이체를 위해 계좌가 필요하면 공과금 납입영수증(명세서)이나 아파트관리비영수증, 아파트입주민 증빙서류 등이 있으면 돼요. 당연히 본인을 증빙해야 하죠.

사회 초년생에게 상품 추천하기

이제 막 사회생활을 시작하는 청년은 은행 업무에 대해서 잘 모르고 아직 주
거래은행을 정하지 않은 경우가 많기 때문에 중요한 고객이에요. 은행원이
라면 사회 초년생이 급여를 받기 위해 만들어야 하는 계좌 개설과 도움이 되
는 상품들을 설명해야 해요. 어떤 상품들이 있는지 온라인에서 검색해 알아
보고 사회 초년생에게 추천할 상품을 써 보세요.

Tip

급여통장 개설하기

급여를 받으려면 먼저 통장을 개설해야 해요. 급여는 보통 아무 때나 자유롭
게 입금하고 출금할 수 있는 수시입출금식 통장으로 받아요. 새로 계좌를 발
급받으려면 급여통장으로 사용할 것이라는 증빙자료가 필요해요. 본인의
신분증과 재직증명서, 근로소득원천징수영수증, 급여명세서 중 1개가 있으

면 돼요. 근로소득원천징수영수증과 급여명세서는 급여를 받은 후에 발급받을 수 있는 서류이기 때문에 급여통장을 바꿀 때 사용할 수 있어요. 급여를 처음 받는다면 재직증명서가 있으면 돼요. 재직증명서는 국민연금관리공단 홈페이지에서 신청해 직접 출력하거나, 회사에 요청하면 받을 수 있다고 해요.

적금 통장 만들기

급여를 받는다면 이제부터 돈을 모아야겠죠. 목돈을 만드는 가장 좋은 방법은 적금이에요. 매달 일정 금액을 적립하고, 적립한 기간만큼 은행에서 이자를 주죠. 금리가 낮을 때는 이자를 적게 받지만 적금은 재테크의 기본이에요. 매달 계좌에 차곡차곡 돈을 모으면 그게 종잣돈이 돼요. 무엇보다 안전하게 돈을 모을 수 있기 때문에 사회 초년생에게 적극 추천하는 상품이에요.

주택청약종합저축

내 집 마련을 위해서는 청약이 필요해요. 1인 1계좌만 가입할 수 있어요. 청약통장은 내 집 마련을 위한 첫걸음이고 집을 저렴하게 구입할 수 있는 장점이 있어요. 또 청약통장은 오래 가지고 있으면 도움이 돼요. 그러니 내 집을 마련하고 싶은 꿈이 있다면 미래를 위해 들어두어야 해요.

KB국민은행에서 추천하는 상품

1. KB Young Youth 적금
KB Young Youth 적금은 만 19세 미만 어린이와 청소년을 위한 상품으로, 연 최고 3.65%의 금리를 제공합니다. 자동재예치 기능이 있어 자유롭고 편리하게 목돈을 모을 수도 있고 필요 시에는 일부 인출도 가능해요. 무료로 DB손해보험의 단체보험에 가입도 해줍니다. 저축 습관의 첫걸음! 쓰는 돈보다 모으는 돈의 소중함도 함께 느껴보세요.

2. KB 마이핏 통장
새내기 직장인이라면 통장 쪼개기 상품을 추천해요. 만 18~38세만 가입할 수 있는 'KB마이핏통장'은 통장 하나를 관리 목적에 따라 기본비/생활비/비상금으로 분리해 관리하는 '쪼개기'를 핵심 기능으로 하는 통장이에요. 비상금으로 분리한 금액은 최대 200만 원까지 연 1.5%의 이율을 제공한답니다.

3. KB 마이핏 적금
마이핏 통장과 묶음으로 판매하는 'KB마이핏적금'이 있어요. 역시 만 18세 이상, 만 38세 이하의 개인이 가입하는 적금 상품이죠. 매월 50만 원 이상, 1,000만 원 이하 금액을 자유롭게 저축할 수 있으며, 이율은 1년 기준 최고 연 2.7%(우대이율 포함)로 기존 적금보다 훨씬 높은 편이에요.

4. 노리(nori)체크카드

소비습관이 아직 완벽히 형성되어 있지 않은 초년생은 신용카드보다는 돈 관리가 편리한 체크카드를 사용하는 것이 더 좋아요. 청년들의 소비 성향에 맞게 만들어진 '노리(nori)체크카드'를 추천해요. 각종 문화 여가 생활과 교통, 통신비의 혜택이 많은 체크카드랍니다.

CHAPTER. 11

알아두면 좋은

금융 지식

여러분의 미래와 함께 할 금융 친구들을 소개합니다

화폐란

화폐(돈)란 물건을 사거나 생활에 필요한 서비스를 이용하기 위한 중요한 수단이에요. 돈은 우리가 원하는 것을 쉽게 거래할 수 있고 남는 돈으로는 미래를 위해 저축하여 대비할 수 있어요. 우리는 일상에서 경제활동을 하기 위해 지폐나 동전을 이용하기도 하지만, 요즘은 카드나 전자화폐와 같은 편리한 결제수단이 발달하여 금융생활이 더욱 손쉬워졌어요.

저축이란

저축이란 돈을 모으는 것으로, 주로 은행에 저축하고 그 대가로 이자를 받아요. 저축하면 미래에 돈이 필요할 때 사용할 수 있고, 꼭 필요한 소비만 하게 되어 낭비를 줄일 수 있으며, 돈이 필요한 사람이나 기업에 은행이 돈을 빌려줄 수도 있어요.

저축상품의 종류로는 예금과 적금이 있어요. 예금은 입출금이 자유로운 대신 이자가 적은 보통예금과 큰 돈을 한꺼번에 정해진 기간 맡기고 기간이 길수록 이자가 커지는 정기예금이 있어요. 정기적금은 매달 일정 금액을 정해진 기간 납입하여 이후 한꺼번에 찾는 것으로, 정기예금과 같이 기간이 길수록 더 많은 이자를 받게 돼요.

이자는 원금 외에 추가로 받는 돈으로 원금에 대한 이자의 비율을 이자율 또는 금리라고 해요. 시간이 지날수록 물가가 오르면 가진 돈의 가치가 떨어지게 되는데, 이를 보전하기 위해 은행에 돈을 저축하여 이자를 받을 수 있어요.

* **예금자 보호제도** : 우리나라에는 '예금자보호법'이 있어서 법에서 정한 금융상품에 가입한 소비자를 보호하고 있어요. 금융회사가 파산 등으로 인해 고객의 예금을 지급하지 못할 경우 예금보험공사가 예금의 일부 또는 전부를 대신 돌려주는 제도로 원금에 소정의 이자를 합하여 1인당 최고 5천만 원까지 보호받을 수 있습니다.

투자란

저축을 통해 돈을 불릴 수도 있지만 더 큰 이익을 위해 투자를 활용할 수 있어요. 저축은 원금과 이자를 확실히 돌려받을 수 있어 안전하지만, 투자는 이익이 큰 대신 원금도 잃을 수 있다는 위험이 있죠.

투자의 방법은 동산·부동산과 같은 물건에 투자하는 것과 금융상품에 투자하는 것 등 다양해요. 대표적인 금융 투자 상품의 종류로는 주식과 채권, 펀드가 있어요. 주식은 회사의 지분을 주주에게 나누어 주는 증서로 주주는 주식회사의 주인으로서 회사 운영의 중요사항을 결정하는 주주총회에 참여할 수 있고, 회사의 이윤인 배당금을 받거나 주식을 팔아 이익을 실현할 수 있어요. 채권은 정부나 은행, 기업 등이 돈을 빌려주고 받는 증거로 이자가 미리 정해져 있고 상환기간이 대체로 10년 이상의 장기라는 게 특징이에요. 펀드는 전문가가 여러 사람들에게 돈을 받아 대신 투자해 주고 그로부터 얻은 이익을 나누어주는 방식의 금융상품이에요.

신용이란

　신용이란 경제생활을 하면서 돈을 빌린 후 약속한 기한에 갚을 수 있는 능력을 의미해요. 신용을 통해 돈을 빌리기도 하고, 신용카드나 교통카드, 휴대폰 소액결제로 서비스를 먼저 이용한 후 요금을 내기도 해요. 금융거래에서는 신용이 특히 중요해요. 신용도에 따라 은행이 빌려주는 돈의 크기와 이자가 달라지기 때문이에요.

　신용거래에 많이 쓰이는 신용카드는 우리가 물건을 사면 카드회사에서 먼저 값을 지불하고, 나중에 우리가 회사에 카드사용 대금을 납부하는 방식이에요. 신용카드를 활용하면 현금을 많이 들고 다니지 않아도 편리하게 물건을 구입할 수 있고, 외국에서 환전하지 않고도 사용할 수 있으며, 카드회사에서 제공하는 할인 혜택을 받을 수도 있어요. 하지만 지나친 지출로 이어져 사용한 금액을 제때 갚지 못한다면 신용이 떨어지게 되고, 낮은 신용은 자유로운 경제 활동에 제한을 가져올 수 있기 때문에 적절하게 사용하도록 주의해야 해요.

부채란

　부채란 돈을 빌린 빚을 말해요. 부채는 신용과 관련이 있는데, 소득에 비해 부채가 많으면 신용도가 낮아지게 돼요. 부채를 사이에 두고 돈을 빌려준 사람은 채권자, 부채를 갚아야 하는 사람은 채무자라고 해요. 채권은 이 둘 사이의 약속이 담긴 문서로 원금을 보장받을 수 있다는 확실성이 큰 대신 돈으로 돌려받기까지의 기간이 길다는 특징이 있어요.

　부채는 대출을 통해 생기게 되는데, 돈을 빌려준 사람의 입장에서는 대출해 준 돈을 받지 못할 위험이 있기 때문에 돈을 갚겠다는 약속의 징표로 대출해 준 금액에 상응하는 물건을 요구하게 돼요. 이를 담보라고 하고,

담보 제공을 통해 대출이 이루어지는 경우를 담보대출이라고 하죠.

이와 달리 본인의 신용만으로 대출받는 신용대출이 있어요. 일반적으로 돈을 빌려주는 입장에서는 신용만으로 빌려주는 신용대출보다는 담보물이 있는 담보대출이 좀 더 안전해요. 따라서 이자율을 적용할 때에도 신용대출보다는 담보대출의 이자율이 낮은 특징이 있어요.

조심하고 신중해야 할 금융생활을 위한 안내

투자는 손해도 볼 수 있다는 것을 알고 있어야 해요

원금과 이자를 확실히 돌려받을 수 있는 저축상품과 달리 주식이나 펀드와 같은 금융 투자 상품은 큰 이익을 얻을 수도 있지만 손해를 본다면 원금조차 보장받을 수 없다는 위험이 있어요.

수익성은 투자를 통해 얼마나 이익을 얻을 수 있는가를 나타내요. 높은 이익을 얻을 수 있다는 건 그만큼 손해 볼 가능성이 높아서 안정적이지 않다는 거예요. 반대로 수익성이 낮으면 이익은 적지만 손해를 볼 확률이 낮아지는 거예요.

따라서 투자할 때에는 언제나 신중하게 살펴봐야 하며 원금을 잃더라도 생활하는 데 문제가 생기지 않도록 여윳돈을 활용하여 그 범위 안에서 금액을 정하는 것이 중요해요. 보통 여러 개의 주식에 나누어 투자하면 한 주식에 집중해서 투자했을 때보다 주식 투자에 따른 위험을 줄일 수 있어요. 이러한 투자 방법을 분산 투자라고 하죠.

물론 분산 투자를 통해서도 줄일 수 없는 위험도 있어요. 예를 들어 전반적인 경기 침체가 오면 대부분 기업의 매출이 감소하고 이윤이 줄어들어 거의 모든 주식의 수익률이 줄어들게 돼요. 이처럼 모든 기업에 동시에 영향을 주는 사건이 발생하면 분산 투자를 하더라도 주식 투자에 따른 위험을 줄이는 데 한계가 있어요.

신용은 정말 중요해요

신용거래는 먼저 돈을 빌려 쓰고 나중에 갚는 거예요. 돈을 빌려 쓸 때는 갚을 수 있는 만큼만 사용하는 게 좋아요. 충동적으로 많은 돈을 빌리고 나중에 갚지 못하거나, 번 돈에 비해 빚이 너무 많이 쌓이거나, 이자나 공과금과 같이 정해진 날짜에 내야 할 돈을 제때 내지 못해 연체하게 되면 신용이 떨어져요. 신용을 잃으면 나중에 돈이 필요할 때 빌리지 못하거나 이자를 더 많이 내야 하고 신용카드를 사용하지 못하는 등 여러 어려움이 따르게 돼요.

개인정보를 이용한 금융사기를 조심해요

금융거래를 위해 금융회사에 제공한 개인정보가 유출되어 금전적인 피해를 입지 않도록 항상 개인정보를 보호하는 자세가 필요해요. 예를 들어 누리집에 가입할 때 생일과 같은 개인정보가 들어있는 비밀번호를 설정하지 않고, 비밀번호를 주기적으로 바꿔주어야 해요.

개인정보(Private data)와 낚시(Fishing)의 합성어인 피싱(Phishing)은 이메일, 전화 등을 통해 검찰청, 금융감독원 등 공공기관을 사칭하여 개인정보를 빼내거나 돈을 보내게 하는 금융 범죄예요. 최근에는 전화를 통한 '보이스피싱' 사례가 많이 발생하고 있어요. 비슷한 개념으로 문자 메시지(SMS)와 피싱(Phishing)이 합쳐진 스미싱(Smishing), 가짜 은행사이트로 유인하여 돈을 가로채는 파밍(Pharming)도 있어요.

보이스피싱·스미싱 등 금융사기를 당하지 않기 위해 꼭 알아둘 것들이 있어요. 공공기관이나 금융회사는 전화 등으로 개인정보를 묻지 않으므로 개인정보를 알려달라고 하면 일단 의심하고, 금융 사기가 의심되면 경찰이나 금융회사 등에 꼭 신고하도록 해요.

초등학생의 진로와 직업 탐색을 위한 잡프러포즈 시리즈 43

은행원은
어때?

2024년 8월 14일 | 초판 1쇄

지은이 | 신만균
펴낸이 | 유윤선
펴낸곳 | 토크쇼

편집인 | 박성은
표지 디자인 | 이희우
본문 디자인 | 책읽는소리
마케팅 | 김민영

출판등록 2016년 7월 21일 제2019-000113호
주소 | 서울시 마포구 월드컵북로98, 2층 202호
전화 | 070-4200-0327
팩스 | 070-7966-9327
전자우편 | myys327@gmail.com
ISBN | 979-11-92842-32-5(73190)
정가 | 13,000원